UN CUENTO TRISTE NO TAN TRISTE

Biblioteca
Jorge
Bucay

JORGE BUCAY

Un cuento triste no tan triste

OCEANO Del Nuevo Extremo

Imágenes de portada e interiores: Gusti
Diseño de portada: Estudio Sagahón / Leonel Sagahón y Jazbeck Gámez

UN CUENTO TRISTE NO TAN TRISTE

© 2013, Jorge Bucay

© 2014, Editorial del Nuevo Extremo, S.A.
Buenos Aires, Argentina

D.R. © 2014, Editorial Océano de México, S.A. de C.V.
Blvd. Manuel Ávila Camacho 76, piso 10
Col. Lomas de Chapultepec
Miguel Hidalgo, C.P. 11000, México, D.F.
Tel. (55) 9178 5100 • info@oceano.com.mx

Para su comercialización exclusiva
en México, países de Centroamérica,
Estados Unidos, República Dominicana y Cuba.

Segunda reimpresión: diciembre, 2014

ISBN: 978-607-735-204-4
Depósito legal: B-29659-LVI

Hecho en México / Impreso en España
Made in Mexico / Printed in Spain

9003786031114

Prólogo

Hace unos años, participaba yo de un taller de creatividad con un grupo de colegas. Explorábamos la creación colectiva y el *brainstorming* de la creación artística.

Durante dos días, historias, poesía, colores y diseños pasaron por nuestras cabezas, nuestro corazón, nuestras manos y nuestra mesa de trabajo (o dicho con más propiedad, nuestro suelo de trabajo). Gracias a ello disfrutamos y aprendimos unos de otros, aunque muy especialmente nos burlamos juntos de nuestras torpezas.

Reímos, lloramos, nos ensuciamos las manos, las caras, las ropas mientras nos limpiábamos el corazón, la memoria y las almas...

Al final, como era la consigna, todo ese material se destruyó y cada quien se llevó el derecho de trabajar personalmente sobre las ideas que allí circularon.

La historia de la muerte de un árbol que no pudo soportar la ausencia de un niño nos conmovió a todos. Creo que por eso, todos le pedimos a Gusti que en algún momento ilustrara esta historia, aunque fuera desde una sola imagen. Todos le pedimos a Emilio que compusiera un tema musical para este cuento. Todos me pidieron a mí que le diera forma, principio y final a esta historia.

Hace pocas semanas, intentando ayudar a un paciente, esta pequeña historia volvió a mi mente y me puse a trabajar en un cuento inspirado en ella.

El resultado de mi trabajo es este pequeño texto que tienes en tus manos.

Espero que te sea útil y te ayude a pensar en algunas cosas, como lo hizo con mi paciente y como lo hizo conmigo.

Si no es así, ojalá, aunque más no sea, disfrutes de su lectura.

I

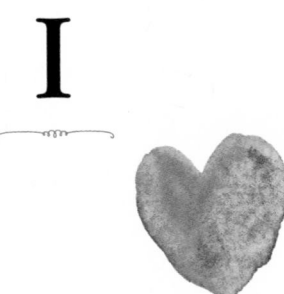

Mi madre y mi abuela sólo se llamaban por teléfono para los cumpleaños y para Navidad... y esas pocas conversaciones eran siempre breves e idénticas.

Yo, que invariablemente me quedaba escondida detrás de la puerta, escuchaba con injustificada atención las preguntas habituales y las respuestas monosilábicas. Estoy segura de que, en mi escondite, yo deseaba que mi madre me llamara para pasarme el teléfono, pero eso nunca sucedía. Recuerdo que a mí, aunque era muy niña, me parecía bastante raro. Muchas veces quise preguntarle a mi madre más cosas sobre mi abuela, pero era evidente que mamá nunca tenía demasiadas ganas de hablar de ella.

Lo poco que pude averiguar fue que la abuela vivía en un pueblito a más de cinco horas de nuestra casa y que sólo había venido a visitarnos en dos ocasiones: cuando yo nací y cuando mis padres se divorciaron, hace ya seis años. Fue en esa ocasión cuando una tarde vi entrar a una anciana toda vestida de negro, que yo ni conocía, y cuando mamá me ordenó de pronto:

—Sofía, dale un beso a tu abuela.

Tengo la imagen de ese momento grabada en mi mente: aquella mujer hosca y seria, acercando su mejilla dura y fría a mi cara; y yo, que por no desobedecer a mi madre, le daba ese beso corto, casi sin rozar su arrugada piel, de mala gana y con los ojos apretados para contener las lágrimas.

Poco más de media hora después, la abuela se fue y mamá, obedeciendo quién sabe a qué impulso, se levantó a buscar en el último cajón del armario un viejo álbum de fotos que acercó a la ventana y que comenzamos a mirar casi en silencio. En aquel momento yo tenía cinco años, pero ya era tan preguntona como ahora.

—Mamá, ¿por qué la abuela está siempre tan seria? Tiene cara de mala.

—No, Sofía, tu abuela tiene un gran corazón —me dijo—, aunque sí es cierto que lo tiene muy endurecido.

A esa edad, yo no entendía muy bien eso de "un corazón endurecido", pero recuerdo que desde entonces comencé a imaginarme a mi abuela

como una mujer que tenía una piedra en medio del pecho y que le pesaba tanto que le amargaba el gesto.

Ahora, de pronto, toda esa distancia y falta de contacto ha cambiado. Parece que la abuela está muy enferma y mamá me dijo que vendrá a pasar un tiempo con nosotras dos.

—¿Cuánto tiempo? —pregunté.

—No lo sé, hijita… un tiempo indefinido —fue la respuesta.

Intenté leer el rostro de mamá, más hermético que nunca, pero no conseguí vislumbrar qué es lo que sentía.

Es curioso… con ella siempre he podido hablar de cualquier cosa, pero el asunto de la abuela ha sido hasta aquí claramente una excepción. Tal vez por eso, al no encontrar yo el modo de preguntar detalles ni ella las ganas de explicarme, en estos días de espera ambas nos hemos ido quedando más calladas y reflexivas, viendo cómo las horas pasaban más y más despacio…

II

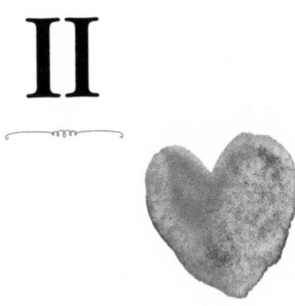

No sé si la abuela tiene el corazón de piedra o es que, sencillamente, no tiene corazón. Han pasado dos días desde que fuimos por ella a la estación para traerla a nuestra casa y desde su llegada no ha tenido para con nosotras un solo gesto de cordialidad o de gratitud.

Al bajar del tren, nos saludó con frialdad; y luego, de camino, me di cuenta de que nada le caía bien, todo era molesto, incómodo o desagradable: el autobús, la gente, el calor, el ruido… Absolutamente todo.

En estas cuarenta y ocho horas me ha dirigido la palabra tres veces: una para preguntarme por qué llevo el flequillo tan largo, otra porque quería saber si me gustaba vivir en una ciudad tan fea y la última para advertirme que debía estar alerta, porque si no lo hacía, cualquiera en la calle intentaría engañarme. Viendo su actitud y la manera en la que mira a la gente con la que se cruza, es evidente que ella no se fía de nadie. De hecho, parece odiar a todo el mundo.

Mientras la ayudaba a hacer la comida, le dije a mamá que fue una suerte que no nos cruzáramos con ninguno de nuestros vecinos al llegar; le confesé que me moría de vergüenza de sólo pensar que si alguien me preguntara por ella, tendría que decirle que esa antipática anciana era mi abuela.

Ella bajó la voz y me pidió que le tenga paciencia, que la abuela ya es mayor, que está enferma... Creo que el gesto de preocupación en la cara de mi madre, sumado a su comentario, me han inducido a pensar que quizá debería cambiar mi actitud para con la nueva habitante de la casa.

Esta mañana, cuando la vi, de pronto sentí lástima por ella y creo que sin demasiado interés en su respuesta, le pregunté cómo se sentía.

−¿Cómo quieres que me sienta, niña? Tengo el corazón oxidado, una picazón horrible en todo el cuerpo y la tensión arterial por las nubes. ¿Eh? ¿Cómo quieres que me sienta?

Respiré hondo y me fui a mi habitación a hacer la tarea escolar que, a pesar de no ser una de mis actividades favoritas, es más divertida (y más útil) que conversar con mi abuela.

III

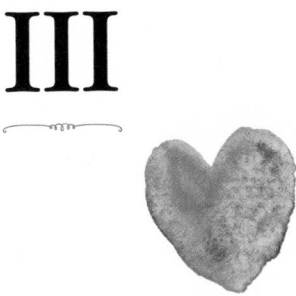

Me levanté esta mañana pensando que, más por mi madre que por la abuela o por mí, debería darle a mi relación con la anciana una nueva oportunidad, así que para buscar algo de lo que hablar le pregunté qué planta escogería si tuviera que elegir sólo una. Le conté que en clase de biología la profesora nos dio la tarea de estudiar a fondo una planta cualquiera, un arbusto o un árbol...

Mi abuela, después de hacer una mueca porque interrumpí su programa de televisión, me contestó solamente:

–El acebo.

Y volvió a sumergirse en su aburrida telenovela.

Yo no podría decir gran cosa del acebo. Sólo la recuerdo como la planta típica de la Navidad, con sus pequeños frutos rojos y sus puntiagudas hojas

verdes, así que busqué en internet y seleccioné algunos datos:

El acebo es un arbusto que crece debajo de otros árboles como las hayas, los arces o los alerces. Estos árboles de frondosa hojarasca apenas dejan que llegue la luz del sol a la vegetación que hay debajo, pero al acebo le va bien la sombra.

La corteza, inicialmente lisa y verde, con el tiempo se vuelve gris, áspera y nudosa, y las ramas, que al principio crecen de forma ascendente, son finalmente densas e irregulares.

El acebo tiene frutos esféricos de color rojo o morado y hojas duras puntiagudas que lo protegen de todo animal que pudiera acercarse a comérselo.

Leí en voz alta los datos encontrados mientras la abuela me miraba de reojo, satisfecha.

–No olvides lo más importante, niña, esos frutos rojos tan vistosos y atractivos pueden ser en extremo tóxicos para los humanos.

Me le quedé mirando un buen rato, pero ya no dijo nada más.

IV

os almuerzos han cambiado un poco. Ahora mamá habla menos y aunque yo, como es costumbre, suelo explicar en la mesa lo que hicimos en clase, ni ella ni la abuela me responden. Me doy cuenta de que mamá está intentando acercarse a la abuela, pero su madre no se la pone fácil, y con frecuencia acaban peleadas.

Para hacer aún más difícil la convivencia, hay veces que la abuela se levanta de peor humor que de costumbre. Esos días anda rumiando por la casa musitando palabras que nadie comprende, o se dedica a revolverlo todo, buscando algo que no recuerda dónde dejó. Casi siempre, cuando no encuentra el "vaya a saber qué" algo, nos pregunta por qué se lo escondimos, nos acusa de sacarle cosas y de hacerlo a propósito para ponerla nerviosa. Lo que más molesta es que cuando al final lo encuentra, en el mismo lugar donde ella lo dejó, es incapaz de pedirnos perdón. Una vez le reproché su actitud y me dijo que no disimulara, que yo había escondido su monedero y que luego lo había vuelto a poner en su lugar para hacerla quedar mal... y que hacía eso porque yo era igual a mi madre.

¡Dios mío! ¿Y cuando empieza a rascarse la piel sin parar? Me pongo nerviosa de sólo verla. A veces no lo soporto y salgo de la habitación. Ella se enfada cuando lo hago y protesta en voz alta mientras me mira salir.

—Cómo se nota que no es a ti a quien le pica, niña.

Yo no le contesto, especialmente porque sé que estando de espaldas ella ni se enteraría de lo que digo... aunque sus limitaciones auditivas, de las que

tanto se queja, son más bien sospechosas. A veces parece estar oyendo perfectamente y, de repente, justo cuando alguien dice algo que la molesta, hace una mueca de fastidio, y dice por ejemplo: "Hablas muy bajo, no te oigo", o algo por el estilo, y pone fin a la conversación.

Cuando hace estas cosas yo miro a mi mamá con los ojos muy abiertos y cara de incredulidad, pero ella hace que no con la cabeza, y me dice cada vez:

–Tranquila, Sofía, ya sabes cómo es la abuela.

Y yo pienso:

"Sí, como el acebo."

V

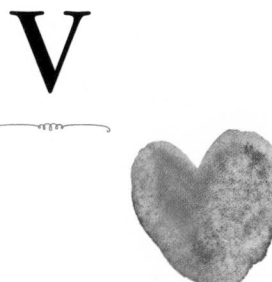

Mamá es una persona muy optimista, capaz de encontrarle una explicación a todo. No suele criticar a nadie y siempre intenta ponerse en el lugar del otro. Cuando le explico que estoy enfadada con alguien, ella me dice que procure imaginar cómo se debe de sentir la otra persona, y sus motivos para obrar como lo hizo. A veces me saca de quicio, pero, en general, después de hablar con ella sobre algo que me inquieta, me molesta o me enoja, me siento mejor.

He venido imaginando que tiene la misma actitud con respecto a la abuela, pero no llego a entender cómo podría justificar su conducta para con nosotras. Hoy, por fin, mamá quiso hablar conmigo de ese tema. Sin que yo se lo volviera a preguntar, me explicó por qué me dijo, hace años, que la abuela tenía el corazón endurecido.

–Claro que es sólo una metáfora, una manera de decir, pero expresa también algo muy real... Se piensa que el corazón es el lugar donde dejamos que anide el amor y posiblemente sea cierto. Cuando una pérdida nos sacude de pronto, el corazón se lastima y cree morir. Después, para poder seguir adelante, busca la forma de mitigar su sufrimiento, de protegerse, de esconderse, de hacerse duro.

–¿Eso le pasó a la abuela?

–Algo así. ¿Escuchaste hablar alguna vez de Antonio Machado?

–Era un escritor, ¿no?

–Un poeta. Un gran poeta. Escribió uno de los poemas más duros y hermosos jamás escritos, según recuerdo dice así:

Yo voy cantando
a lo largo del sendero...
La tarde cayendo está...
En el corazón tenía la espina de una pasión;
logré arrancármela un día:
¡ya no siento el corazón!
Y todo el campo un momento
se queda, mudo y sombrío, meditando.
Suena el viento en los álamos del río.
La tarde más se oscurece;

y el camino que serpea
y débilmente blanquea,
se enturbia… y desaparece.
Mi cantar vuelve a plañir:
Aguda espina dorada…
¡quién te pudiera sentir
en el corazón clavada!

Después de escuchar el poema me quedé callada. No podía imaginar peor situación. Arrancarse una espina para poder sobrevivir y luego darse cuenta de que ciertamente sin la espina ya no se siente el dolor, pero tampoco se siente el corazón… Se me nublaron los ojos al borde del llanto.

Mamá se dio cuenta y cambió el tono volviéndose casi doctoral.

—El corazón está recubierto por una membrana, ¿lo sabías?

—Sí, el pericardio.

—Exacto. Y el pericardio tiene la función de protegerlo. Quizá cuando el corazón sufre, esa membrana lo abraza maternalmente y se endurece formándolo como una armadura, para permitirnos sobrevivir. Sin esa dureza transitoria tal vez no podríamos soportar emocionalmente algunas desgracias. Lo que estoy tratando de explicarte es que la abuela tiene el corazón de piedra porque un día le sucedió algo terrible y su pericardio la quiso proteger. Como la causa de su mal no se resolvió, sino que perduró en el tiempo, el pericardio nunca se atrevió a liberar su corazón. Para protegerlo de esa verdad insoportable, de esa espina clavada, el pericardio lo estrechó entre sus brazos con tanta fuerza que lo volvió insensible.

—Mamá, qué historia tan triste. Pero al final, aunque sea para protegerlo, esa protección no puede ser demasiado buena para el corazón.

—No, claro. Puede llegar a matarlo.

—Pero yo no quiero que la abuela se muera. ¿No hay algo que podamos hacer?

—Tenerle paciencia, Sofía. Ábrele tu corazón y deja que ella te abra el suyo cuando pueda.

Yo voy a seguir intentando, pero no veo nada claro qué podría esperarse que salga de ahí dentro.

VI

Mamá ha decidido que llevaremos a la abuela a la playa; por extraño que parezca, ella nunca ha estado en la costa, es más, según ella nunca ha visto antes el mar. ¿Cómo es posible que alguien no haya visto nunca el mar?

Como era de esperarse, la abuela no ha parado de quejarse desde que mamá se lo propuso, aunque esta vez, misteriosamente, no ha dicho que no.

Hemos decidido ir bien temprano para evitar que hubiera mucha gente.

En cuanto pisó la arena, la abuela se quedó en silencio. Su primera frase, cuando se atrevió a hablar, me hizo sonreír, aunque no fuera graciosa.

–Huele mal.

Sin embargo, y a medida que se acercaba al mar, vi cómo se le iban abriendo los ojos más y más; tenía, incluso, la boca entreabierta.

—Niña, ¿adónde va toda esta agua?

—No va a ningún lado, abuela. El mar es como un ser vivo. Dentro de él hay toda una inmensidad de animales, algas, piedras, temperaturas, colores… ¿Quieres mojarte los pies?

—¿Mojarme?… ¿Qué dices?… Calla, niña, calla…

Mamá sugirió sentarnos un rato y desplegó una sillita de tela para la abuela.

Estuvimos un buen rato en silencio y, finalmente, le preguntamos a la abuela cómo estaba. Ella comentó que el lugar era tranquilo, que le gustaba el ruido de las olas y que también le había agradado ver la línea que separaba el mar del cielo.

—¿Y dicen que en el mar hay de todo?

Mamá, sonriente, no me dejó responder.

—Sí, mamá. El mar esconde muchas cosas y puede ser muy bravo, pero también muy sereno, como ahora.

Nos miró y vi que sus ojos, pequeños y hundidos, eran del color del mar. No me pude contener y lo dije en voz alta:

—Abuela, tienes unos ojos muy bonitos.

–¿Qué ojos? Si yo ya casi no tengo ojos, ¡han desaparecido detrás de las arrugas!

Se me escapó la risa y esta vez se la contagié a mamá. La abuela no se rio, pero se tapó la boca. Me gustó pensar que trataba de esconder su propia sonrisa.

VII

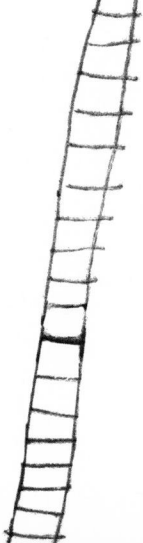

He estado leyendo mucho sobre las plantas. Algunas me han gustado especialmente, por lo menos, mucho más que el acebo... Cuando me crucé con la abuela, hace un par de días, me armé de valor y se lo dije:

–Abuela, me parece que para mi tarea en el colegio no escogeré una planta sino un árbol.

–¿Cuál?

–Quizás el sauce.

–¿El sauce?

–Sí.

–El sauce es un árbol muy triste, niña.

–Puede ser... pero tiene muchas propiedades medicinales: ayuda a aliviar el dolor, cicatriza las heridas...

–¿Ah, sí? No está mal, entonces.

–Mamá lo usa para hacer infusiones...

–Habrá que tomar alguno de esos tés, entonces
—dijo la abuela.

Me pareció que no estaba de tan mal humor
como otras veces, así que aproveché para preguntarle algo más.

–Abuela, ¿no te sientes muy sola en el pueblo?

Su respuesta hizo que me preguntara si había
sido correcto preguntar.

–¿Sola? ¿Por qué me dices eso? ¿Qué sabrás tú
de la soledad, a tu edad?

–Pues algo sí que sé, abuela. Cuando papá y
mamá se separaron, hubo días en que me sentí muy sola. También cuando mamá tiene mucho
trabajo, me siento sola… y cuando mis amigas me
dejan de lado… Es extraño, pero a veces me siento triste cuando veo una persona que está sola.
Con frecuencia veo a gente que se pone a hablar
con cualquiera que tenga al lado. Veo niños demasiado pequeños que vuelven a casa caminando
despacio, sin su mamá. Una vez vi a una mujer
que llevaba un vestido con una cremallera en la
espalda que no le llegaba a cerrar hasta arriba del
todo y pensé que a lo mejor no tenía a nadie que
la ayudara. Creo que recordando esto se me ocurrió que a lo mejor tú también te sientes sola, allá
en el pueblo.

La abuela, con una mueca rara en la boca, a mitad de camino entre sonrisa y labios forzadamente apretados, tardó mucho en hablar.

Después, sin siquiera volverse a verme, recitó, mientras miraba por la ventana:

> *¿En qué hondonada esconderé mi alma*
> *para que no vea tu ausencia*
> *que como un sol terrible, sin ocaso,*
> *brilla definitiva y despiadada?*
> *Tu ausencia me rodea*
> *como la cuerda del verdugo*
> *rodea la garganta,*
> *como la inmensidad del mar*
> *rodea al que se hunde.*

Esta tarde la abuela ya no dijo nada más y recuerdo que yo tampoco. Las bellas y duras imágenes del poema me habían dejado muda.

Muchos años después supe que esas palabras habían salido, casi textualmente, de un poema llamado "Ausencia" escrito nada menos que por Jorge Luis Borges y entendí de quién había heredado mi madre su pasión por la poesía.

VIII

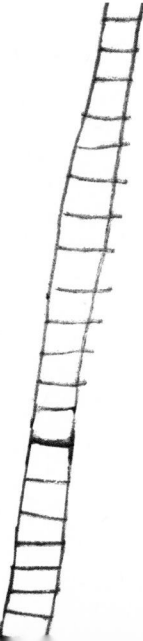

Siempre me ha llamado la atención cómo las personas somos capaces de transformarnos y ser tan diferentes según la situación. La abuela por ejemplo, tan hosca con la gente, tiene sólo palabras dulces y cuidados extremos con las flores de nuestro balcón mientras las riega, las poda y las hermosea.

Al principio me daba mucha rabia, porque me parecía que lo hacía adrede, como si quisiera demostrarnos que sus afectos no eran para nosotras, para provocarnos; pero estaba equivocada: a menudo la he observado a través de la ventana, cuando ella está en el balcón y no sabe que la miro. Estoy convencida de que las flores son sus mejores confidentes, su único refugio.

Mamá dice que la abuela siempre tuvo *mano verde*, y que las plantas siempre le han crecido sanas y bonitas. Cierto o no, la verdad es que desde que ella las cuida nuestras flores lucen mejor que nunca.

Hoy por ejemplo, la vi recortar unas bolsas de plástico en tiras finas y colgarlas de la barandilla y no pude evitar acercarme.

–¿Qué haces, abuela?

–Fabrico espanta-insectos —dijo.

–¿En serio? ¿Con bolsas de plástico?

–Cualquier cosa que se mueva constantemente serviría. Hay un insecto repugnante, no sé cómo se llama, pero se posa sobre los geranios y éstos, al cabo de pocas horas, empiezan a marchitarse.

–Qué interesante lo que me dices, aunque no creo que sea como lo cuentas... ¿Por qué aseguras que la culpa es del insecto?

–Pues si te interesa, podrías ayudarme, en vez de quedarte ahí mirando, creyendo que de todo sabes más que yo.

Mientras atábamos las últimas tiras apareció el insecto sospechoso y la abuela le gritó de todo. Creo que nunca sabremos si se marchó escapando de la danza de las tiras o huyendo de los gritos de la abuela. En realidad poco importa, pero lo cierto es que mientras veíamos alejarse al enemigo de los geranios, la vecina de enfrente salió al balcón; nos saludó con la mano y nos dijo bien alto

que "qué balcón tan hermoso", "qué suerte que la abuela lo cuide tan bien". La abuela sonrió e hizo que sí con la cabeza, satisfecha.

–Te gustan mucho las plantas, ¿verdad, abuela?

–Sí, especialmente porque ellas no se la pasan haciendo preguntas.

Me parece que debe haberse arrepentido de su respuesta, porque acto seguido me explicó que las plantas son seres vivos llenos de energía, y que también sufren.

–Pero, abuela… a mí me han explicado en la escuela que las plantas no tienen sistema nervioso y que por tanto…

–Eso es lo que dicen los profesores y los libros ridículos con los que quieren dar la impresión de que les enseñan algo. Sin embargo, se aprende mucho más fijándote en lo que te rodea que memorizando esas tonterías que escriben personas de guardapolvos que nunca olieron una flor en un parque.

–Pero, abuela, no puedes decir que las cosas son así porque tú lo dices y punto.

–Mira, niña, puede que a veces me equivoque, pero ya tengo una edad y hay cosas que las he visto con mis propios ojos.

–Pero esa gente se ha dedicado toda su vida a investigar y a hacer estudios…

UN CUENTO TRISTE NO TAN TRISTE

–¿Ah, sí? Pues yo no he estudiado mucho, pero he vivido bastante. ¡Y la vida es la mejor universidad!

–Puede ser, pero con las plantas… Yo te digo que si no tienen sistema nervioso, ¡no puedes decir que sufren!

–¡Ahora escúchame, niña tan tozuda! Y luego me dices si puedo o no puedo decir lo que digo. Hace muchos años, el hijo menor de una vecina del pueblo le regaló a su madre un hibisco, el árbol de las rosas chinas. Entre los dos lo cuidaban, le hablaban, le cantaban… Lo trataban como a uno más de la familia. Pero al cabo de un tiempo, de repente, el niño murió… ¿Y sabes qué pasó? El árbol empezó a marchitarse. A pesar de todos los cuidados de la madre, porque para ella la planta era como una parte de su hijo, el árbol de las rosas chinas murió. Entiendes… ¡MURIÓ! ¿Podrías mirarme a los ojos y decirme que el pobre árbol no murió de pena? ¿Podrías?

Por primera vez la abuela había hablado en voz muy alta. Supongo que me asusté y solo bajé la cabeza sin siquiera pensar en abrir la boca. Mamá apareció de repente, alarmada. Entonces la abuela, se alejó en silencio por el pasillo.

Aunque se fue rápidamente, a mí me pareció oír que lloraba.

IX

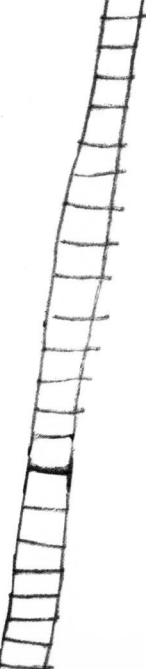

Han pasado dos días y la abuela no dice ni palabra. Todo vuelve a ser como al principio y ninguna de las tres se siente cómoda. Mamá ha notado que no estoy bien y sé que a ella esto también le afecta y la preocupa. Ya nos conocemos. Cuando vi que ella quería que habláramos, me adelanté.

–No me digas más que tenga paciencia, mamá. He hecho muchos esfuerzos y no han servido para nada. La abuela vive enfadada contigo, conmigo... ¡y con el mundo entero!

–Tienes razón, Sofía. Tienes toda la razón. La abuela está muy enfadada, pero no es contigo ni conmigo. El enfado original es con ella misma y lo peor es que lleva con ese enfado muchos años. Yo sé que sufre mucho y también que le duele darse cuenta de que lastima a otros a su alrededor, pero supongo que no lo puede evitar.

—¡Pues no parece que se esmere demasiado en evitarlo!

—Es verdad, no lo hace... pero no pienses que se comporta así para hacernos daño.

—¿Por qué siempre la defiendes? Ustedes tampoco tienen una buena relación. ¡A ti tampoco te habla bien!

Entonces, para mi sorpresa, mi madre se puso a llorar.

—Mira, mi amor, las cosas del corazón nunca son sencillas. Hay momentos en los que uno no sabe cómo seguir adelante. Después de una herida muy grande cada quien actúa como puede. Ella se quedó en el dolor y se le endureció el corazón; yo lo escondí tanto que no pensé más en él, y durante muchos años actué como si nada hubiera sucedido. Por eso me fui de la casa siendo demasiado joven y seguramente por eso me casé con tu padre, quizá demasiado pronto. Me fui porque no podía ayudarla ni tenía la fuerza necesaria como para quedarme y soportar el cambio de carácter tan drástico que ella sufrió. Equivocada o no, preferí huir.

Yo no podía decir palabra; de repente tenía miedo. Miedo de que los adultos fueran así de vulnerables. Creo que miré a mi madre como pidiéndole que no siguiera... pero siguió.

–Yo tenía un hermano...

–¿Tú tuviste un hermano?

–Sí. Un día que mi padre y yo habíamos ido de compras, cuando mi hermano tenía ocho años y yo catorce, una vecina pidió a mi madre que la ayudara a escurrir un cobertor acolchado. Como era cuestión de unos minutos y él dormía, decidió dejarlo solo... Quién sabe por qué pasan estas cosas... cuesta encontrarles explicación o sentido... La cuestión es que el niño se despertó con hambre y, al ver que mamá no estaba, fue a la cocina y se trepó a un taburete para alcanzar un dulce de los que siempre se escondían en la alacena. Al subir tropezó y cayó.

–¿Y qué pasó? —pregunté temiendo escuchar lo que seguía.

–Al parecer se golpeó la cabeza con el canto de la mesa. No hubo nada que hacer. El horror de ver a su hijo tendido muerto en la cocina dejó a mi madre en estado de *shock*. Durante unas semanas no pudo articular palabra. Cuando finalmente volvió a hablar, mi padre y yo nos dimos cuenta de que ya no era la misma. Intentamos hablar con ella, le dijimos que necesitábamos ayudarnos entre nosotros, los tres, pero ella no pudo o no quiso. Se aisló, se obsesionó con las rosas chinas y con todos los pequeños detalles que le recordaban a su niño.

Paralizada y con un nudo en la garganta, yo no podía ni siquiera llorar. Heroica mi madre siguió el relato hasta el final...

–Las pocas palabras que mi madre tenía para con nosotros se fueron volviendo cada vez más ásperas, más breves y más duras. Mi padre murió tres años después, de cáncer de pulmón, y a mí se me hizo insoportable aquel silencio, aquel dolor perpetuo. Cuando conocí a tu papá se me abrió un camino lleno de luz y me lancé a él con los brazos abiertos... Cuando le anuncié que me casaba, ella no dijo nada. Y sus últimas palabras dirigidas a mí fueron el día de mi partida: "Ojalá nunca seas capaz de comprender lo que siento. Ni siquiera sé quién soy. Cuando alguien pierde a sus padres, es huérfano. Cuando pierde a la pareja, es viudo. Pero ¿cómo se llama a quien pierde a un hijo? No existe tal palabra. Nadie puede definir cómo es perder un hijo...". Así me fui de casa, sin saber siquiera cómo llamar a mi madre, sin saber cómo llamarme...

Mi madre suspiró muy profundo y luego, tomando aire, concluyó:

–Han pasado demasiados años. No dejaré que esto continúe, Sofía, hablaré con tu abuela y quiero pedirte que estés presente.

De nuevo, fui incapaz de decir nada... Pero hice que sí con la cabeza. De pronto comprendí que la historia del pequeño que plantó con su madre el árbol de las rosas chinas, no era imaginaria y que su protagonista no había sido el hijo menor de una vecina del pueblo... Aquel niño muerto era el hijo de mi pobre y devastada abuela.

X

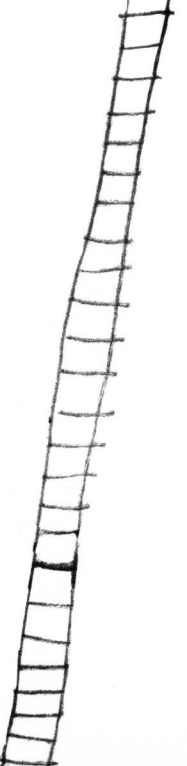

Al día siguiente, cuando mi madre llegó de trabajar, me tomó de la mano y me llevó hasta el comedor, donde la abuela estaba viendo la televisión… Mamá la apagó directamente, sin hacer caso de la queja que intentó la abuela, y nos sentamos a su lado.

–Sofía, cuéntale a tu abuela, eso de las plantas de lo que estuvimos hablando.

–Abuela, le conté a mamá lo que me explicaste el otro día acerca de las plantas y te ha dado la razón; ella también está segura de que, aunque no lo parezca, ellas tienen sentimientos, como nosotras.

–Bueno, no exactamente como nosotras —aclaró mi madre—, porque, por suerte, los humanos tenemos la posibilidad de aprender de las cosas que nos pasan y de luchar por salir adelante. De no ser así, ¡qué difícil sería seguir en la lucha! ¿No crees, mamá?

–Lo que creo es que a veces uno se cansa de seguir luchando.

–Pero la vida es luchar, abuela —dije yo.

–Pues entonces yo siento que ya he vivido bastante.

–Mamá, mira a tu alrededor. ¿Hay alguien que no haya tenido su propia tragedia? Nadie pretende que no sientas lo que sientes. Sólo digo que trates de ver qué haces con eso que sientes.

–No juegues con mis palabras, hija.

–No lo hago, madre. Sólo te señalo que somos los principales responsables de lo que nos pasa.

–He malvivido tantos años… ¿Qué me queda ahora que no sea la muerte? Me consuela pensar que ella tiene buena memoria y no se olvidará de mí…

–¡Ay, mamá! ¿Recuerdas aquel cuento de García Márquez? Se trataba del drama de un hombre desencantado de la vida que se arrojó a la calle desde el décimo piso. A medida que caía iba viendo a retazos y a través de las ventanas la intimidad de sus vecinos; las pequeñas tragedias domésticas, los amores furtivos, los breves instantes de felicidad, la dicha de unos y los penares de otros, las noticias que nunca llegaban hasta la escalera común… En el instante de estrellarse contra el pavimento, el

hombre había cambiado por completo su concepción del mundo y se daba cuenta de que aquella vida, la suya, que abandonaba para siempre por la puerta falsa, valía la pena de ser vivida.

—Qué tontería. Si yo me lanzara por la ventana, llegaría al suelo aún más convencida y no dejaría que el miedo de lo irreversible del último momento me hiciera cambiar de idea. Aunque suene feo decirlo, te repito que lo único que tengo pendiente es morirme.

—No entiendes del todo el cuento, madre, pero además tu recorrido no es irreversible. Tú podrías, si te lo propones, recorrer el camino de vuelta.

—¿Y para qué haría semejante esfuerzo?

—Tienes que estar bien, abuela, para poder seguir cuidando las plantas... y para volver a ir a la playa... conmigo... como quedamos.

—¿Qué te parece para intentar disfrutar un poco de los últimos años de tu vida, en lugar de seguir culpándote de lo que pasó?

En ese momento, la abuela dio un respingo, levantó la vista y se quedó mirando acusadoramente a mamá por un par de interminables minutos, y después otro rato clavando sus ojos en mí. La abuela había caído en la cuenta de que mi madre me había contado todo, que yo ya sabía "lo que había pasado en el pasado" y que ninguna de las tres podría a partir de aquí esquivar el tema.

–¿Qué buscan? ¿Remover la mugre? ¿O están aquí para acusarme directamente?

–Mamá, yo nunca te he echado la culpa, nadie más que tú lo ha hecho. Y tus remordimientos, aunque injustos, te han hecho mucho daño y no sólo a ti, también a mí y a todos.

–Ustedes no pueden comprender. Nadie puede. ¿Por dónde se sale de un túnel que no tiene salida?

–Por el mismo lugar por el que se entró —se me ocurrió decir.

La abuela no escuchaba.

–Él era una parte de mí, y ya no está... ya no está.

–Es verdad mamá. Ya no está. Y es terrible. Pero yo igual que él también era una parte de ti. Y aún lo soy... y tu nieta también lo es. Hemos desaprovechado tantos años... Mamá, quiero contarte algo que no sabes: pocos años después de casarme fui a ver a un terapeuta, siguiendo el consejo de una amiga.

–¿Qué dices? ¿Tú en terapia?

–Sí, mamá, yo. Aprendí que a veces no podemos ayudarnos a nosotros mismos y hay que aceptarlo. Y fue muy útil pedir ayuda profesional. El primer día el terapeuta me pidió hacer un ejercicio. Se trataba de hacer un balance en dos columnas de la historia de mi infancia. Debía listar en una columna todo lo que "había recibido" durante ese tiempo y, en la otra, todo lo que me "había faltado". Entendí de pronto, desde ese primer encuentro, cómo todo lo que me faltó condicionó mi búsqueda, inmadura y precipitada, de una persona, cualquiera, que fuera capaz de darme un poco de aquello que había echado en falta.

–¿Y ahora yo tengo que cargar con tu fracaso matrimonial también?

–No, mamá. Lo que salí a buscar estuvo mal, pero esto no es una acusación contra ti. Yo ya no era una niña, y esa equivocada actitud de escape fue de mi exclusiva responsabilidad.

–¡Ahora me dirás que no estabas enfadada conmigo! Admítelo. ¡Tú me recriminas uno por uno los puntos de esa maldita segunda columna!

–Pues no, mamá. La primera vez que hice este ejercicio me enfadé, sí, pero no por la segunda columna, me enfadé por la primera. Allí en la lista de lo que "había recibido" yo había escrito: "Nada". Eso es lo que me enfadó, y es cierto que, por un momento, de eso sí te hice responsable... Sin embargo, con el paso de los años y, sobre todo, después de ser madre, empecé a sentir que a veces yo tampoco daba demasiado y que yo también vivía exigiendo en exceso. Fue en ese momento cuando sentí la necesidad de volver a mis listas y seguir escribiendo cosas en la primera columna. Y fui comprendiendo que todas las cosas buenas, pocas o muchas, que yo he dado a mis seres queridos estaban reflejadas en algunas cosas que generosamente y con demasiado esfuerzo me diste durante esos años terribles para ti. Todos procuramos hacer las cosas lo mejor posible y a veces no lo conseguimos. Todos, con el tiempo, encontramos, descubrimos o inventamos nuevas formas de dar lo que hemos recibido y también algunas particulares maneras de dar lo que nunca nos dieron.

—Has hablado demasiado rápido y casi no escuché lo que dijiste —dijo la abuela poniéndose a la defensiva.

Mamá y yo seguimos sentadas mirándola muy suavemente. Por una vez no íbamos a caer en la trampa del abrupto final de la conversación.

Como era lógico, después de un rato, al confirmar que no entraríamos en su juego, la abuela, sola, cambió de actitud.

—Pero me alegra, hija, saber que también conservas por lo menos algunos buenos recuerdos.

No creas, hija, a mí me gustaría muchísimo tener más presentes los míos, y sé que deben estar por allí escondidos. Lo que sucede es que no los encuentro.

—Podemos intentar buscarlos juntas, mamá —dijo mi madre y entrelazó muy amorosamente una mano entre las de mi abuela.

XI

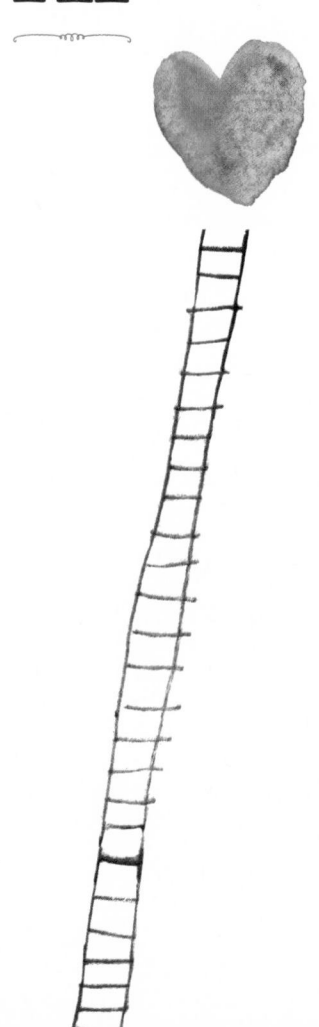

Las semanas han ido pasando. Hace ya tres meses que la abuela está aquí y el médico le acaba de decir que, apoyado en sus análisis clínicos, puede asegurar que su estado de salud ha mejorado de forma sorprendente. Ella le respondió que ya lo sabía sin necesidad de hacerse tanta prueba y sin haber estudiado medicina. Como el médico no la conoce a fondo, creyó que se trataba de una broma y se lo tomó a bien.

Ahora, precisamente ahora, la abuela dijo que se vuelve al pueblo. A mamá no le ha sorprendido, y, aunque yo sé que no quiere, se ha ofrecido a colaborar para que sea más pronta su partida.

A mí me está costando mucho aceptar que, ahora que todo estaba encaminándose, se vaya de vuelta a su bendito pueblo. Mamá me dice que no piense sólo en mí y que deje que la abuela decida lo que es mejor para ella, que seguramente tiene que estar cerca de lo que más quiere hacer, especialmente ahora que empieza a comprometerse con la idea de ser un poco más feliz.

—Oye, niña —me dijo ayer mismo—, ¿ya escogiste la planta? ¿Harás el sauce?

—No lo tengo claro, abuela. ¿Por qué?

—Es que me animé a pasar por la biblioteca del pueblo y mirar diferentes tipos de flores, pensando en tu tarea. Pienso que algunas de ellas podrían ser muy interesantes si quieres investigarlas. Aquí te dejo una lista con las que me parecieron más atractivas. Son muy originales y tienen algo en común que las hace especiales: todas ellas se han adaptado a vivir lejos de la tierra, lejos de todo lo que pueda alimentarlas y sostenerlas; algunas viven del agua, algunas de otras plantas y algunas aun del aire.

Yo miré la lista y leí: *Tillandsia recurvata* o clavel del aire, *Hemerocallis* o flor de un día, *Hottonia palustris* o violeta de agua, begonia albo-picta, *Nymphaea alba* o aguapé blanco y la *Hyobanche sanguinea*.

—Gracias, abuela… Pero viendo esta lista se me ocurre hacerte una pregunta. ¿Puedo?

—Claro que sí, niña —me contestó—, pero mira que yo no sé demasiado de esos datos que tú llamas estudiar a fondo una planta.

–No, abuela. No es sobre las plantas. Es sobre ti.

–¿Sobre mí?

–Sí, abuela. Sobre ti. ¿Estás segura de que quieres volver a tu pueblo?

De pronto me pareció que su cara se suavizaba, como si la piel se ablandara y como si mágicamente muchas de las arrugas de su rostro desaparecieran…

–No te preocupes, guapa —me dijo, adivinando mi sentimiento—, volveré muy pronto. Ahora me encuentro bastante mejor. Ya viste que lo dijo el médico. Y tengo ganas de volver a casa. Por primera vez, después de muchos, muchos años, me apetece estar allí, a solas conmigo, aunque sea algunas semanas. Tengo que lamerme algunas heridas y terminar de reamigarme conmigo y también con ese lugar, los dos únicos testigos de aquellas horas tan dolorosas.

–Es que es un viaje muy largo…

–Te aseguro, niña, que en estos meses que estuve con ustedes he hecho un viaje mucho más largo… y he sobrevivido. Y todo eso sin moverme de tu casa.

El último día, en la estación de autobuses, nos abrazamos con lágrimas en los ojos, sobre todo yo. Muy bajito, le susurré al oído que la siguiente vez me gustaría acompañarla, ir con ella al pueblito, conocer su casa... Ella sonrió, con una alegría especial en los ojos, ahora brillantes y limpios como el mar más sereno. Luego en el beso de despedida, fue ella quien se acercó a mi oído, y me dijo en un susurro, para que sólo yo pudiera escucharla:

–¿Sabes, Sofía...? A mí también me gustaría.

Un largo minuto después el autobús partió...

Yo me sentía feliz.

Por primera vez, la abuela me había llamado por mi nombre.

Epílogo

LA TRISTEZA Y LA FURIA

En un reino encantado donde los hombres nunca pueden llegar, o quizá donde los hombres transitan eternamente sin darse cuenta... En un reino mágico, donde las cosas no tangibles se vuelven concretas...

Había una vez... un estanque maravilloso.

Era una laguna de agua cristalina y pura donde nadaban peces de todos los colores existentes y donde todas las tonalidades del verde se reflejaban permanentemente...

Hasta ese estanque mágico y transparente se acercaron a bañarse, haciéndose mutua compañía, la tristeza y la furia. Las dos se quitaron sus vestimentas y desnudas las dos entraron al estanque. La furia, apurada (como siempre está la furia), urgida —sin saber por qué—, se bañó rápidamente y, más

rápidamente aún, salió del agua... Pero la furia es
ciega, o por lo menos no distingue claramente la
realidad, así que, desnuda y apurada, se puso, al salir,
la primera ropa que encontró... Y sucedió que esa
ropa no era la suya, sino la de la tristeza... Y así vestida de tristeza, la furia se fue.

Muy calma, y muy serena, dispuesta como siempre a quedarse en el lugar donde está, la tristeza ter-
minó su baño y sin ningún apuro (o mejor dicho, sin
conciencia del paso del tiempo), con pereza y len-
tamente, salió del estanque. En la orilla se encontró
con que su ropa ya no estaba. Como todos sabemos,
si hay algo que a la tristeza no le gusta es quedarse
al desnudo, así que se puso la única ropa que había
junto al estanque, la ropa de la furia.

Cuentan que, desde entonces, muchas veces uno se
encuentra con la furia, ciega, cruel, terrible y enfadada, pero si nos damos el tiempo de mirar bien encontramos que esa furia que vemos es sólo un disfraz, y que detrás del disfraz de la furia, en realidad...
está siempre escondida la tristeza.